Die Schlacht bei Cannae

Bibliografische Information der Deutschen Nationalbibliothek:

Die Deutsche Nationalbibliothek verzeichnet diese Publikation in der Deutschen Nationalbibliografie; detaillierte bibliografische Daten sind im Internet über http://dnb.d-nb.de abrufbar.

ISBN: 9783346722188
Dieses Buch ist auch als E-Book erhältlich.

Druck und Bindung: Books on Demand GmbH, Norderstedt Germany
Gedruckt auf säurefreiem Papier aus verantwortungsvollen Quellen

Das vorliegende Werk wurde sorgfältig erarbeitet. Dennoch übernehmen Autoren und Verlag für die Richtigkeit von Angaben, Hinweisen, Links und Ratschlägen sowie eventuelle Druckfehler keine Haftung.

Das Buch bei GRIN: https://www.grin.com/document/1276422

Die Schlacht bei Cannae

Inhaltsverzeichnis

Einleitung

Der Zweite Punische Krieg, auch bekannt als Hannibals Krieg gegen Rom, wurde zwischen Karthago und Rom von 218 bis 201 v. Chr. ausgetragen. Hannibal überquerte erfolgreich die Alpen und erreichte mit der Hälfte seines Heeres im Jahr 218 v. Chr. den Norden der Römischen Republik. Die andere Hälfte seines Heeres überstand die Alpenüberquerung nicht.[1] Hannibal war ein bekannter Feind von Rom.[2] Seinen ersten Erfolg konnte er gegen die Römer im Jahr 218 v. Chr. in der Schlacht am Ticinus verzeichnen.[3] Noch im selben Jahr konnte er die Römer zum zweiten Mal in der Schlacht an der Trebia besiegen.[4] Damit gelang Hannibal die Herrschaft über den nördlichen Teil der Römischen Republik, die Römer selbst standen aufgrund der beiden Niederlagen unter erheblichen Schockzustand.[5] Hannibal fuhr hingegen unbeirrt fort und konnte seinen nächsten Sieg bereits 217 v. Chr. am Trasimenischen See verzeichnen. Dieser Sieg ermöglichte Hannibal das Vorrücken bis in die Mitte der Römischen Republik.[6] Hannibal entschied sich jedoch, nicht mittig, sondern südwärts zu marschieren und besetzte die Burg Cannae.[7] Hier konnte er erneut die Römer im Jahr 216 v. Chr. besiegen. Diese Schlacht war einer der größten Schlachten des Zweiten Punischen Krieges.[8]

Diese Arbeit fokussiert die Schlacht bei Cannae. Sie umfasst fünf Kapitel. Das erste Kapitel stellt die Quellenanlagen vor. Das zweite Kapitel beschreibt die wesentlichen Ereignisse der Schlachten im Norden der Römischen Republik. Das dritte Kapitel betrachtet detailliert die Schlacht bei Cannae. Das vierte Kapitel erörtert die Gründe der römischen Niederlage in der Schlacht. Das fünfte und letzte Kapitel betrachtet die Auswirkungen der Schlacht bei Cannae.

Die Fragestellungen dieser Arbeit lauten: Was stellt die Schlacht bei Cannae in der Geschichte dar? Kann Hannibal als Verlierer aus der siegreichen Schlacht bezeichnet werden? Wer war auf römischer Seite der Hauptschuldige an dieser vernichtenden Niederlage?

---

[1] Polybios, Geschichte. Gesamtausgabe in zwei Bänden (übersetzt von Hans Drexler), Bd. I., Zürich 1978, S. 223ff. (3,34-3,60).
[2] Titus Livius, Römische Geschichte. Der Zweite Punische Krieg (übersetzt von Ursula Blank-Sangmeister), Bd. XXI., Stuttgart 1999, S. 105 (21,39,8).
[3] Jakob Seibert, Hannibal, Darmstadt 1993, S. 116ff.
[4] Adrian Goldsworthy, Cannae. Hannibal's Greatest Victory, London 2001, S. 33.
[5] Karl Christ, Hannibal, Darmstadt 2003, S. 77f.
[6] Herbert Heftner, Der Aufstieg Roms. Vom Pyrrhoskrieg bis zum Fall von Karthago, Regensburg 2005, S. 214f.
[7] Klaus Bringmann, Punische Kriege, in: Hubert Cancik und Helmuth Schneider (Hgg.), Der neue Pauly. Enzyklopädie der Antike, Bd. X., Stuttgart 2001, S. 590-599, hier S. 594ff.
[8] Michael Sommer, Römische Geschichte. Von den Anfängen bis zum Untergang, Stuttgart 2016, S. 194.

I. Quellenanlage

Polybios befasst sich in seinem Werk ‚*Historíai*' ausführlich mit der Schlacht bei Cannae.[9] Polybios wurde in Megalopolis geboren und war ein hellenischer Geschichtsschreiber, der zum Ziel hatte, den Hellenen den Weg Roms hin zur Großmacht zu berichten.[10] Nach Adrian Goldsworthy, der ebenfalls die Schlacht bei Cannae behandelte, ist das Werk von Polybios eine fundamentale Quelle über die Schlacht bei Cannae. Goldsworthy weist jedoch auf die vertraute Verbindung zwischen Polybios und Scipio Aemilianus hin, letzterer leitete nach der Schlacht bei Cannae das römische Heer.[11] Dies schmälert jedoch nicht den Wert von Polybios Werk, der in diesem Interviews von unmittelbaren Augenzeugen der Schlacht aufführt.[12] Zwar hatte Polybios selbst keine militärischen Erfahrungen, so Gregory Daly, eine sorgfältige und ausführliche Befassung mit militärischen Berichten ist jedoch feststellbar.[13] Nach Daly sind die militärischen Berichte über die Schlacht bei Cannae jedoch mit kritischer Sorgfalt zu behandeln[14], da Teile dieser Berichte vermutlich vom römischen Senator Fabius Pictor an Polybios weitergegeben wurden.[15] Zu Daly ergänzt Robert L. O`Connell, dass Teile dieser Berichte vermutlich von dem römischen Politiker Cincius Alimentus an Polybios weitergegeben wurden.[16] Nach Daly lassen explizit diese Weitergaben durch römische Politiker darauf schließen, dass Polybios die Schlacht bei Cannae derart katastrophal beschrieben hatte, um im späteren Verlauf den Aufstieg von Rom zur Großmacht übertrieben darstellen zu können.[17] Auch der römische Historiker Titus Livius befasste sich ausführlich mit der Schlacht bei Cannae. In seinem Werk ‚*Ab urbe condita*' stellt er diese ausführlich dar.[18] Entgegen Polybios legte Livius erhöhten Fokus auf die umfassend von ihm beschriebenen Details der römischen Politik und Wahl während der Schlacht.[19] Nach Daly könnte Livius das Werk von Polybios bekannt gewesen sein, wesentliche Quellen für Livius Werk sollen dennoch die Berichte des römischen Historikers Lucius Coelius Antipater sowie die Quellen von Fabius Pictor sein.[20] Die militärischen Berichte erwähnen die Beschreibung von Livius als erheblich

---

[9] Gregory Daly, Cannae. The Experience of Battle in the Second Punic War, London 2002, S. 17.
[10] Goldsworthy, Cannae. Hannibal's Greatest Victory, S. 14.
[11] Ebda.
[12] Polybios, Geschichte. Gesamtausgabe in zwei Bänden, S. 239 (3,48).
[13] Daly, Cannae. The Experience of Battle in the Second Punic War, S. 18.
[14] Ebda., S. 20.
[15] Ebda.
[16] Robert L. O`Connell, The Ghosts of Cannae. Hannibal and the Darkest Hour of the Roman Republic, New York 2010, S. 7.
[17] Daly, Cannae. The Experience of Battle in the Second Punic War, S. 23.
[18] Goldsworthy, Cannae. Hannibal's Greatest Victory, S. 15.
[19] Ebda.
[20] Daly, Cannae. The Experience of Battle in the Second Punic War, S. 23.

unzuverlässig, insbesondere weil Livius dem Senat mehr Bedeutung beimisst als den römischen Feldherren.[21] Die Beschreibung von Livius bieten jedoch ein recht sachliches und neutrales Bild der Schlacht bei Cannae, wohingegen die Beschreibungen von Polybios die taktischen Anteile der Schlacht behandeln.[22] Auch das Werk des römischen Historiker Cornelius Nepos mit dem Titel ‚*Liber de excellentibus ducibus exterarum gentium*‘ schien zunächst für die Analyse der Schlacht bei Cannae geeignet zu sein. Dieses Werk umfasst 23 Kurzbiografien von nicht römischen Generälen, darunter auch die von Hannibal.[23] Nach sorgfältiger Prüfung zeigt sich jedoch, dass diese Quelle nicht für eine detaillierte Analyse der Schlacht bei Cannae geeignet ist. Obwohl diese Schlacht als eine der wesentlichen und bekanntesten Schlachten von Hannibal gilt, wird diese lediglich mit einem einzigen Satz erwähnt: „*quamdiu in Italia fuit, nemo ei in acie restitit, nemo adversus eum post Cannensem pugnam in campo castra posuit* – solange er in Italien [Römische Republik] blieb, hielt ihm niemand im offenen Kampf stand, niemand hat seit der Schlacht bei Cannae gegen ihn in offener Feldschlacht gekämpft [sic!]“.[24] Die Analyse der historischen Quellen zeigt, dass die beiden erst genannten Quellen eine ausführliche Schilderung der Schlacht bei Cannae abdecken und keine grundlegenden Unterschiede in diesen beiden Quellen vorhanden sind. Beide Autoren verdeutlichen die erhebliche Niederlage der Römer, zeigen jedoch auch auf, dass die römischen Soldaten bis zum Ende der Schlacht mit Mut und Ehre für die Römische Republik kämpften. Zudem kamen beide Autoren zum selben Ergebnis, nämlich dass die Römische Republik am Ausgang der Schlacht keine Schuld trug, sondern die vernichtende Niederlage auf eine Reihe unglücklicher Umstände während der Schlacht zurückzuführen sei. Diese Argumentation der beiden Autoren kommentierte der Historiker Jakob Seibert mit der Aussage: „Der Phantasie waren keine Grenzen gesetzt“.[25] Auch wenn diese Aussage von Seibert sehr pointiert ist, weist sie dennoch auf das wesentliche Problem der beiden Werke ‚*Historíaí*‘ von Polybios und ‚*Ab urbe condita*‘ von Livius hin. Beide Werke sind aus römischer Perspektive verfasst und bei beiden Autoren ist eine Haltung zugunsten der Römer erkennbar. Eine Beschreibung der Schlacht bei Cannae aus punischer Perspektive ist nicht vorhanden, da alle historischen Quellen während des Dritten Punischen Krieges im Jahr 146 v. Chr. und der Zerstörung von Karthago ebenfalls zerstört wurden.

---

[21] Ebda., S. 24.
[22] Ebda., S. 25.
[23] Cornelius Nepos, Hannibal, in: https://www.gottwein.de/Lat/nepos/hann01.php (abgerufen am 15. Juli 2022).
[24] Ebda., 5,4.
[25] Seibert, Hannibal, S. 197.

II.   Hannibal im Norden der Römischen Republik

1.   Die Schlacht am Ticinus

Die Schlacht am Ticinus wurde im November 218 v. Chr. zwischen Hannibal und Publius Cornelius Scipio ausgetragen.[26] Diese Schlacht war Hannibals erste Schlacht gegen die Römer im eigenen Land, wobei die Römer diese unmittelbar verloren.[27] Die Schlacht war geprägt von Hannibals Kavallerie-Engagement, die sich derart schnell bewegte, dass es den Römern unmöglich gemacht wurde, auf sie zu schießen. Diese Schnelligkeit von Hannibals Kavallerie bedingte die römische Niederlage. Scipio wurde in dieser Schlacht schwer verwundet und es wird vermutet, dass sein Sohn Scipio Africanus ihm das Leben rettete.[28] Die Rettung ist jedoch bis heute nicht eindeutig feststellbar, die Legenden in den verschiedenen Quellen sind uneindeutig. Nach Coelius Antipater sollte Scipio von Sklaven gerettet worden und nicht von seinem Sohn. Die Rettung ist daher bis heute umstritten, wobei auch Seibert die Version von Coelius Antipater unterstützt.[29]

2.   Die Schlacht an der Trebia

Nach dem römischen Verlust am Ticinus wurde unmittelbar danach die Schlacht an der Trebia im Dezember 218 v. Chr. ausgetragen. Diese Schlacht gilt als erste große Schlacht des Zweiten Punischen Krieges. Hannibal war erneut Sieger über von Tiberius Sempronius Longus geführten Römer. Dies war Hannibals erster großer und entscheidender Sieg in der Römischen Republik, wodurch viele der Kelten im nördlichen Teil der Republik dazu veranlasst wurden, Hannibal zu unterstützen.[30] Hannibal konnte Sempronius Longus und dessen Pläne anhand von Spionen zugelieferten Informationen jedoch korrekt vorausssehen, so dass Hannibal Zeitpunkt und Ort für Sempronius Longus Angriff zu seinen Gunsten provozierte. Zudem kam Hannibal Sempronius Longus mangelnde militärische Erfahrung zugute. Denn die Römer waren zwar zahlenmäßig überlegen, Hannibals Armee jedoch besser auf die militärische Schlacht vorbereitet. Nach der Niederlage versuchte der politisch Beauftragte Sempronius Longus den Senat von einem Rückschlag, nicht jedoch einer Niederlage in der Schlacht zu überzeugen, schuldig für den Rückschlag sei das Wetter gewesen. Der Senat hingegen widersprach Sempronius Longus und deklarierte die Schlacht als unbestreitbare Niederlage.[31]

---

[26] Heftner, Der Aufstieg Roms. Vom Pyrrhoskrieg bis zum Fall von Karthago, S. 210.
[27] Christ, Hannibal, S. 72.
[28] Seibert, Hannibal, S. 116ff.
[29] Ebda., S. 118.
[30] Heftner, Der Aufstieg Roms. Vom Pyrrhoskrieg bis zum Fall von Karthago, S. 211ff.
[31] Ebda.

3. Die Schlacht am Trasimenischen See

Die Schlacht am Trasimenischen See wurde im Juni 217 v. Chr. zwischen Hannibal und den Römern unter Führung von Gaius Flaminius ausgetragen. Diese Schlacht gilt als zweite große Schlacht im Zweiten Punischen Krieg, Hannibal ging erneut als Sieger hervor. Spätestens mit diesem Sieg Hannibals mussten die Römer ihn als nicht zu unterschätzenden Feind anerkennen. Denn die Römer liefen erneut in Hannibals taktisch geplante Falle. Hannibal hinterließ Spuren für die Römer, die ihn in seine Richtung führten. Jedoch plante Hannibal das entscheidende Manöver dieser Schlacht zeitlich in den Anbruch der Dunkelheit ein. Die Römer waren außerhalb des Trasimenischen Tals stationiert, während sich Hannibals Kavallerie taktisch und in der Dunkelheit zum Angriff positionierte. Der Angriff von Hannibals Kavallerie erfolgte unmittelbar und die römische Armee wurde massakriert.[32]

4. Der Marsch nach Cannae

Nach den dreimaligen Siegen über die Römer im nördlichen Teil der Römischen Republik war Hannibals Weg ins Innere der Republik frei.[33] Im Jahr 216 v. Chr. erreichte er den Ort Gerunium, an dem einige, aber ansonsten folgenlose Gefechte mit den Römern erfolgten.[34] Jedoch verringerten sich während dieser Zeit die Getreidevorräte von Hannibal und seinen Truppen, so dass sie weiter nach Cannae zogen.[35] Hannibal strebte weiterhin an, schnellstmöglich Krieg gegen die Römer zu führen. Dazu musste er die Römer jedoch zur Aufgabe ihrer Verteidigungsstrategie zwingen. Für Hannibal war die Eroberung der Burg von Cannae das geeignete Mittel, die römische Aufgabe der Verteidigungsstrategie zu bewirken.[36] Die Burg bei Cannae war für die Römer von hoher Bedeutung, insbesondere weil sie das wichtigste und zentrale Getreidelager war.[37] Für Hannibal hingegen bot die geografische Lage der Burg einen erheblichen Vorteil, da seine Reiterei auf der Ebene um die Burg herum taktisch manövrieren konnte.[38] Hannibals Plan verwirklichte sich, als der römische Senat ihm den Krieg erklärte.[39] Die römische Armee zog unter Führung von den Konsuln Lucius Aemilius Paulus und Gaius Terentius Varro in die Schlacht.[40] Viele weitere, ehemalige Konsuln und Senatoren

---

[32] Christ, Hannibal, S. 79ff.
[33] Bringmann, Punische Kriege, S. 594ff.
[34] Seibert, Hannibal, S. 187.
[35] Titus Livius, Römische Geschichte. Der Zweite Punische Krieg (übersetzt von Ursula Blank-Sangmeister), Bd. XXII., Stuttgart 2000, S. 133 (22,43,2 und 22,43,5).
[36] Werner Huß, Die Geschichte der Karthager, München 1985, S. 327.
[37] Polybios, Geschichte. Gesamtausgabe in zwei Bänden, S. 304 (3,107).
[38] Livius, Römische Geschichte. Der Zweite Punische Krieg, S. 135f. (22,44,4).
[39] Polybios, Geschichte. Gesamtausgabe in zwei Bänden, S. 305 (3,107).
[40] Huß, Die Geschichte der Karthager, S. 327f.

nahmen ebenfalls an der Schlacht teil, wodurch die von den Römern zugesprochene Bedeutung dieser Schlacht unterstrichen wurde.[41] Hannibal bot einen Kriegsbeginn am 1. August 216 v. Chr. an.[42] Dieses Angebot wurde vom römischen Konsul Paulus abgelehnt.[43] Paulus befürwortete keinen Krieg in der Ebene bei Cannae. Dies führte zu Streitigkeiten zwischen den römischen Konsuln.[44] Ungeachtet dessen befahl Hannibal seiner numidischen Reiterei, die Wasserträger des kleineren römischen Lagers anzugreifen.[45] Ziel dieses Angriffs war die Provokation des römischen Konsul Varro, damit dieser Hannibals Angebot zum Kriegsbeginn annahm. Hannibals Angriff erfüllte den gewünschten Zweck, denn Varro akzeptierte Hannibals Angebot. So begann am nächsten Tag, dem 2. August 216 v. Chr., die Schlacht bei Cannae.[46]

Vor Einzug in die Schlacht hielt Paulus die nachfolgende Rede vor der römischen Armee: „[…] Deshalb, Leute, da alle Voraussetzungen für den Sieg erfüllt sind, ist nur eins nötig, euer Wille und euere Einsatzbereitschaft, zu der euch mit vielen Worten zu ermahnen euer nicht würdig sein würde. Wenn dagegen, wie jetzt bei euch, der Kampf nicht für andere, sondern für euch selbst, für euer Vaterland für Frauen und Kinder geführt wird und die weiteren Folgen um ein Vielfaches mehr bedeuten als der Kampf selbst, dann bedarf es nur der Erinnerung, nicht der Ermahnung. [...] Täuscht es jetzt nicht in dieser Hoffnung, sondern stattet dem Vaterland den Dank ab, den ihr ihm schuldet, und laßt alle Welt erkennen, daß die früheren Niederlagen nicht darin ihren Grund hatten, daß die Römer weniger tapfer sind als die Karthager, sondern in der Unerfahrenheit derer, die damals gekämpft haben, und in ungünstigen Umständen".[47]

---

[41] Livius, Römische Geschichte. Der Zweite Punische Krieg, S. 149 (22,49,16 und 22,49,17).
[42] Huß, Die Geschichte der Karthager, S. 328.
[43] Polybios, Geschichte. Gesamtausgabe in zwei Bänden, S. 311 (3, 112).
[44] Ebda., S. 308 (3,110).
[45] Polybios, Geschichte. Gesamtausgabe in zwei Bänden, S. 311 (3, 12) und Livius, Römische Geschichte. Der Zweite Punische Krieg, S. 137 (22,45,2).
[46] Seibert, Hannibal, S. 188ff.
[47] Polybios, Geschichte. Gesamtausgabe in zwei Bänden, S. 307f. (3,109).

III. Die Schlacht bei Cannae

1. Die Vorbereitung der Schlacht

Der römische Konsul Varro stationierte die römische Armee über dem Aufidus-Fluss, die Front nach Süden gerichtet. Auf der rechten Seite platzierte er die römische Reiterei, die von Paulus geführt wurde. Auf der linken Seite platzierte er die bundesgenössische Reiterei, die von ihm selbst geführt wurde.[48] In der Mitte positionierte Varro die Fußsoldaten, „wobei er die Manipeln dichter stellte als sonst und in jeder einzelnen die Tiefe um ein Vielfaches größer machte als die Frontbreite".[49] Die Fußsoldaten unterstanden dem Kommando von Gnaeus Servilius Geminus.[50] Varro stellte die Leichtbewaffneten an die vorderste Front. Hannibal hingegen positionierte die Balearen und Lanzenträger an die Frontlinie[51], damit die Römer keine Einsicht in das taktisch positionierte, karthagische Zentrum erhielten.[52] Auf der linken Seite positionierte Hannibal die Hälfte der von Hasdrubal geführten iberischen und keltischen Reiterei. Auf der rechten Seite wurde die Hälfte der numidischen Reiterei positioniert.[53] Dies stand unter dem Kommando von Hanno[54] oder Maharbal[55]. In der Mitte positionierte Hannibal die andere Hälfte der iberischen, keltischen und lybischen Reiterei, die beiden letzteren wurden jeweils links und rechts von der Mitte platziert. Diese Hälfte der Reiterei stand unter dem Kommando von Hannibal selbst und seinem Bruder Mago.[56] Durch die Platzierung der Reiterei konnten die Römer keine Einsicht in das Zentrum erhalten, das in einer Linie gruppiert wurde. Beim Vorrücken der iberischen und keltischen Reiterei sollte sich diese in eine mondsichelförmige Krümmung formieren. Die lybische Reiterei diente als Reserve.[57] Die Strategien von Varro und Hannibal auf dem Schlachtfeld wurde bekannt. Gemäß dem Historiker Werner Huß bezweckte Varro mit seiner Strategie, das Zentrum der karthagischen Armee zu zerstören, da dieses nur halb so groß wie das der römischen Armee war. Zahlenmäßig bedeutete dies, dass Varro 8.000 römische Infanteristen im römischen Zentrum platziert hatte, während es bei Hannibal lediglich 4.000 waren.[58] Trotz zahlenmäßiger Überlegenheit der Römer im Zentrum, zweifelten diese an

---

[48] Ebda., S. 312 (3,113).
[49] Ebda.
[50] Livius, Römische Geschichte. Der Zweite Punische Krieg, S. 139 (22,45,8).
[51] Polybios, Geschichte. Gesamtausgabe in zwei Bänden, S. 312 (3,113).
[52] Seibert, Hannibal, S. 193.
[53] Polybios, Geschichte. Gesamtausgabe in zwei Bänden, S. 312f. (3,113 und 3,114).
[54] Ebda., S. 313 (3,114).
[55] Livius, Römische Geschichte. Der Zweite Punische Krieg, S. 141 (22,46,7).
[56] Polybios, Geschichte. Gesamtausgabe in zwei Bänden, S. 312f. (3,113 und 3,114), und Livius, Römische Geschichte. Der Zweite Punische Krieg, S. 141 (22,46,7).
[57] Polybios, Geschichte. Gesamtausgabe in zwei Bänden, S. 313 (3,113).
[58] Huß, Die Geschichte der Karthager, S. 330.

einer erfolgreichen Austragung der Schlacht anhand der Kämpfe an den jeweiligen Außenseiten.[59] Auch Hannibal zog dies in seine Überlegungen mit ein. Daher sollten die mondsichelförmig formierte iberische und keltische Reiterei den ersten Kontakt mit den dominanten römischen Fußsoldaten möglichst optimal abwehren. Aufgrund der Stärke der römischen Fußsoldaten sollte diese Reiterei bei ihrem schrittweise Rückzug die Abwehr so lange wie möglich aufrechterhalten, zumindest bis sie die lybischen Infanteristen erreichten.[60] Beim Erreichen der Infanteristen sollten die Afrikaner zur Unterstützung herangezogen werden und die Römer von den Seiten angreifen. Die Kämpfe sollten daher sowohl im Zentrum sowie auch parallel an den Seiten ausgetragen werden. Bei den Kämpfen der Reiterei plante und erhoffte Hannibal einen schnellen Sieg, damit die siegreiche Reiterei jeweils eine andere Reiterei unterstützen und damit den Sieg beschleunigen konnte.[61] Der Ausgang der Schlacht war jedoch insbesondere von der Unterstützung der Reiterei abhängig, so schreibt der Historiker Huß: „Der Sieg aber würde davon abhängen, ob es den Infanteristen gelingen würde, den Durchbruch der feindlichen Walze so lange zu verhindern, bis die Kavalleristen auf den Flügeln gesiegt hätten und in der Lage wären, die römischen Infanteristen im Rücken anzugreifen".[62] Für Hannibal war daher deutlich, dass die Entscheidung hinsichtlich Sieg oder Niederlage von den Kämpfen im Zentrum bestimmt war, daher übernahm er selbst das Kommando der dort positionierten Truppen.[63]

2. Der Verlauf der Schlacht

Wie von Hannibal provoziert, begann am 2. August 216 v. Chr. die Schlacht bei Cannae. Gemäß historischer Zeitzeugen wurde das Wetter und der Sonnenstand für beide Seiten als vorteilhaft beschrieben.[64] Nach Livius soll jedoch ein staubiger Wind den Römern von Beginn an entgegengeweht sein, so dass ihre Sicht dadurch erheblich beeinträchtigt wurde.[65] Die Schlacht wurde mit dem Angriff der Leichtbewaffneten eröffnet, ohne nennenswerte Erfolge.[66] Jedoch gelang es den balearischen Schleuderern, den römischen Konsul Paulus mit einem Stein bereits zu Beginn der Schlacht schwer am Kopf zu verletzen.[67] Die keltische und iberische Reiterei traf

---

[59] Seibert, Hannibal, S. 192.
[60] Ebda., S. 193.
[61] Huß, Die Geschichte der Karthager, S. 330.
[62] Ebda., S. 330f.
[63] Seibert, Hannibal, S. 193.
[64] Polybios, Geschichte. Gesamtausgabe in zwei Bänden, S. 313 (3,114) und Livius, Römische Geschichte. Der Zweite Punische Krieg, S. 141 (22,46,8).
[65] Livius, Römische Geschichte. Der Zweite Punische Krieg, S. 141 (22,46,9).
[66] Polybios, Geschichte. Gesamtausgabe in zwei Bänden, S. 314 (3,115).
[67] Livius, Römische Geschichte. Der Zweite Punische Krieg, S. 145 (22,49,1).

auf der linken Seite der Karthager bzw. auf der rechten Seite der Römer auf die gegnerische Reiterei. Dieser Kampf, auf römischer Seite unter dem Kommando von Konsul Paulus, verlief nach antiken Autoren nicht wie ein üblicher Kampf, da die keltischen und iberischen Reiter sich und ihre Gegner vom Pferd waren und am Boden zu Fuß weiterkämpfen.[68] Diese ungewohnte Taktik führte zu einer hohen Gefechtsintensität, aus der die punischen Reiter nach kurzer Zeit siegreich hervorgingen und die römischen Reiter vom Schlachtfeld verjagten.[69] Währenddessen formierte sich das karthagische Zentrum zu einem Halbmond, die Spitze den Römern zugewandt, und rückte vor. Dabei trafen die gallischen und iberischen Infanteristen auf die römischen Legionäre.[70] Die Formation des Halbmondes beim Vorrücken war gemäß dem Historiker Hans Delbrück unbeabsichtigt: „Diese gebogenen Linie bilden sich zwar nur zu leicht beim Vormarsch, sind aber nicht Formen, in denen man sich taktisch bewegen kann, sondern Verbildungen, die nicht ganz zu vermeiden sind und mit denen man auszukommen versuchen muß, aber denen man nach Möglichkeit entgegen wirkt, um die gerade Linie zu behalten".[71] Die gallischen und iberischen Infanteristen überstanden die ersten Angriffen der Römer. Jedoch konnten die römischen Legionäre die schmale gegnerische Frontlinie schrittweise begradigen, in die Mitte zurückdrängen und schließlich die Frontlinie aufbrechen.[72] Währenddessen griff die numidische Reiterei die bundesgenössische Reiterei mit kleinen Wurfspeeren auf der rechten Seite der Karthager bzw. linke Seite der Römer an. Beide Seiten überstanden diesen Angriff ohne nennenswerte Verluste. Jedoch konnte die numidische Reiterei die Aufmerksamkeit der bundesgenössischen Reiterei so lange auf sich ziehen, bis die keltische und iberische Reiterei nach ihrem Erfolg auf der linken (karthagischen) Seite die afrikanische Reiterei unterstützen konnte. Beim Anrücken dieser Verstärkung zog sich die römische, bundesgenössische Kavallerie inklusive Konsul und Oberbefehlshaber Varro zurück.[73] Trotz schwerer Kopfverletzung hatte hingegen Paulus das erste Reitergefecht überlebt und konnte mit einigen weiteren Reitern in die Mitte der Schlacht vorrücken. Dort hatten die keltischen und iberischen Infanteristen bereits ihren Rückzug angetreten oder wurden erheblich zurückgedrängt, so dass die anfängliche Spitze des Halbmondes nicht mehr der römischen, sondern der karthagischen Seite zugewandt war. Die Römer waren siegessicher und glaubten, kurzfristig das karthagische Zentrum durchbrechen zu können.[74] Zeitgleich waren jedoch die

---

[68] Polybios, Geschichte. Gesamtausgabe in zwei Bänden, S. 314 (3,115), und Livius, Römische Geschichte. Der Zweite Punische Krieg, S. 141 (22,47,1-3).
[69] Livius, Römische Geschichte. Der Zweite Punische Krieg, S. 141f. (22,47,3).
[70] Polybios, Geschichte. Gesamtausgabe in zwei Bänden, S. 314 (3,115).
[71] Hans Delbrück, Geschichte der Kriegskunst. Im Rahmen der politischen Geschichte, Berlin 1964, S. 327f.
[72] Polybios, Geschichte. Gesamtausgabe in zwei Bänden, S. 314 (3,115).
[73] Ebda., S. 315f. (3,115-116).
[74] Livius, Römische Geschichte. Der Zweite Punische Krieg, S. 143 (22,47,5-6).

schwerbewaffneten lybischen Fußsoldaten an beiden Außenseiten vorgerückt und überraschten die Römer mit plötzlichen Angriffen auf der linken und rechten Seite. Unmittelbar danach griff die karthagische Reiterei die Römer hinterrücks an, Hannibals Taktik der Einkesselung ging damit auf[75]: „Die Ungeduld der Römer hatte sie blindlings in eine Falle laufen lassen".[76] Die Römer waren von allen Seiten eingeschlossen, ein Rückzug nicht möglich und das kriegerische Abschlachten begann. Die Karthager drängten die Römer von allen Seiten aus zusammen, der Kreis wurde immer enger und enger gezogen. Die karthagische Treffsicherheit eines geworfenen Speeres oder geschleuderten Steines oder geschossenen Pfeils erhöhte sich minütlich. Der anfänglich erwähnte staubige Boden, die schweren römischen Rüstungen sowie der immer enger werdende Raum haben den Römern vermutlich zusätzlich zugesetzt.[77] Das Ende dieser Schlacht lässt sich anhand der Schilderungen von Livius nur erahnen: „Mit dem kühn gezogenen Schwert lässt sich ein Weg auch durch dicht gedrängte Reihen der Feinde bahnen. Wenn man einen Keil bildet, kann man diesen lockeren und aufgelösten Haufen auseinander sprengen, wie wenn nichts im Wege stände. Daher kommt mit mir, die ihr euch selbst und den Staat retten wollt! Nach diesen Worten zog er sein Schwert, ließ einen Keil bilden und stürmte mitten durch die Feinde".[78]

3. Das Ende der Schlacht.

Hinsichtlich der erlittenen römischen Verluste sowie der Anzahl der Überlebenden sind sich die antiken Autoren uneinig. Polybios berichtet von etwa 70.000 gefallen Soldaten[79], während Livius von 45.500 gefallende Infanteristen und 2.700 gefallene Reiter berichtet.[80] Nach Polybios konnten immerhin rund 3.000 römische Fußsoldaten und etwa 300 römische Reiter die Schlacht überleben.[81] Livius schätzt diese Zahl deutlich höher ein und berichtet von etwa 19.000 römischen Überlebenden, die sich in die römische Lager oder in nahe Ortschaft in Sicherheit bringen konnten. Livius führt bei den Überlebenden keine Unterscheidung nach Fußsoldaten oder Reitern auf.[82] Auf karthagischer Seite fielen nach Polybios rund 4.000 Kelten, 1.500 Iberer und Libyer sowie etwa 200 Reiter.[83] Bei Livius sind für die karthagische Seite keine Angaben vorhanden. Ungeachtet der exakten Höhe der erlittenen römischen Verluste

---

[75] Ebda., (22,47,7-10).
[76] Carlos Canales, Hannibals Armee. Karthago gegen Rom, Berlin 2005, S. 43.
[77] Livius, Römische Geschichte. Der Zweite Punische Krieg, S. 143ff. (22,47,10, 22,48,1-6 und 22,49,1-13).
[78] Ebda., S. 152f. (22,50,9-10).
[79] Polybios, Geschichte. Gesamtausgabe in zwei Bänden, S. 317 (3,117).
[80] Livius, Römische Geschichte. Der Zweite Punische Krieg, S. 149 (22,49,15).
[81] Polybios, Geschichte. Gesamtausgabe in zwei Bänden, S. 317 (3,117).
[82] Livius, Römische Geschichte. Der Zweite Punische Krieg, S. 149 (22,49,13).
[83] Polybios, Geschichte. Gesamtausgabe in zwei Bänden, S. 317 (3,117).

stellt die Schlacht bei Cannae für Rom eine vernichtende Niederlage dar[84], so beschreibt Huß den Ausgang: „Am Abend dieser Schlacht gab es auf dem Boden Roms kein römisches Heer mehr".[85] Von den römischen, politischen Abgesandten konnte sich lediglich Konsul Varro mit einigen Reitern nach Venusia retten, während Konsul Paulus, weitere ehemalige Konsuln, 29 Militärtribune und andere Würdenträger in der Schlacht bei Cannae gefallen sind.[86] Hannibal ging damit nicht nur als Sieger aus der Schlacht hervor, sondern hatte die gesamte römische Armee während dieser einen Schlacht vernichtet[87]

IV. Die Gründe für die Niederlage der Römer auf dem Schlachtfeld

1. Die karthagische Reiterei

Nach Delbrück ist die karthagischen Reiterei der erfolgsentscheidende Faktor von Hannibals Sieg.[88] Dies entspricht auch der Aussage von Polybios: „Die Numider brachten sie [die flüchtenden Römer] als Gefangene ein, gegen zweitausend von den Reitern, die sich zur Flucht gewandt hatten".[89] Die karthagische Reiterei konnte bereits das erste Reitergefecht zu seinen Gunsten entscheiden, lange vor dem Aufeinandertreffen der gegnerischen Frontlinien. Durch diesen frühzeitigen Teilsieg und dem Rückzug der römischen Reiterei konnten die keltische und iberische Reiterei die Numider unterstützen und anschließend die Römer hinterrücks angreifen.[90] Auch wenn sich die karthagische Reiterei größenmäßig kaum von der römischen Unterschied, konnte der Nachteil der größenmäßig deutlich unterlegenen Fußsoldaten dadurch überwunden werden. Hannibal war sich der notwendigen Unterstützung der Fußsoldaten durch die Reiterei definitiv bewusst. Zudem stellte die Schlacht nicht das Ende des Krieges dar, auch wenn Hannibal sich dies vermutlich erhoffte. Jedoch konnte Hannibal in dieser Schlacht und mit dem Zusammenschluss der unüberwindbaren karthagischen Reiterei einen entscheidenden Sieg erringen, was durch den Rückzug der bundesgenössischen Kavallerie und der Flucht von Varro belegt ist.

---

[84] Livius, Römische Geschichte. Der Zweite Punische Krieg, S. 149 (22,50,1-3).
[85] Werner Huß, Karthago, München 2004, S. 67.
[86] Livius, Römische Geschichte. Der Zweite Punische Krieg, S. 149 (22,49,14-18).
[87] Alexander Demandt, Ungeschehene Geschichte. Ein Traktat über die Frage, was wäre geschehen, wenn…? Göttingen 1986, S. 73.
[88] Delbrück, Geschichte der Kriegskunst. Im Rahmen der politischen Geschichte, S. 331.
[89] Polybios, Geschichte. Gesamtausgabe in zwei Bänden, S. 318 (3,117).
[90] Seibert, Hannibal, S. 194ff.

2. Das karthagische Zentrum

Neben der Wirkungsstärke der karthagischen Reiterei war das Durchhaltevermögen des karthagischen Zentrums erfolgsentscheidend für den Ausgang der Schlacht. Lediglich aufgrund der Standhaftigkeit der gallischen und iberischen Infanteristen hatte die Reiterei genügend Zeit für die Angriffe an den Seiten ohne das gleichzeitig das Zentrum durchbrochen wurde, so dass Hannibals Plan der Einkesselung verwirklicht werden konnte.[91] Denn auch wenn die Reiterei ihre Angriffe schnell und erfolgreich durchgeführt hatte, was sie tat, hätte der Durchbruch des Zentrums durch die Römer die Einkesselung und damit den Angriff von hinten vermutlich eine Niederlage für Hannibal und seine Truppen bedeutet. Da Varro diesen Durchbruch jedoch unbedingt erzwingen wollte, standen die römischen Truppen unter erheblichem Druck und waren darauf besonders fokussiert. Daher waren die karthagischen Verluste im Zentrum auch die höchsten. Das Zentrum hielt jedoch trotz dieser erheblichen Verluste weiter seine Linie und war damit erfolgskritischer Faktor in der Schlacht. Denn die Römer dachten oder erhofften möglicherweise, dass die Fußsoldaten im Zentrum aufgrund der römischen Stärke schneller aufgeben und fliehen würden. Die römischen Soldaten bemerkten beim Zurückdrangen des karthagischen Zentrums nicht, dass sie unmittelbar in die von Hannibal geplante Falle liefen.

3. Die Fehlentscheidungen der römischen Konsuln

Die erfolgsentscheidende Takt der Einkesselung gelang erst, als die römische und alliierte Kavallerie vom Schlachtfeld floh. Bereits beim ersten Reitergefecht unterlag die römische Kavallerie und Paulus zog sich mit einigen Reitern ins römische Zentrum zurück. Die übrigen römischen Reiter wurden von der karthagischen Reiterei zur Flucht gezwungen. Gleichzeitig lieferte sich Varro ein Gefecht mit der numidischen Reiterei, dieses Gefecht war nach Polybios jedoch irrelevant und ergebnislos. Nachdem die keltische und iberische Reiterei den Großteil der römischen Reiterei getötet hatte, ließen sie von den übrigen, flüchtenden Reitern ab und kämpften an der Seite der numidischen Reiterei weiter.[92] Sobald die bundesgenössische Reiterei die mächtige punische Reiterei anrücken sah, zog sie sich zurück, verfolgt von der numidischen Reiterei. Damit war die gesamte römische Reiterei vom Schlachtfeld vertrieben.[93] Bei Anblick der anrückenden keltischen und iberischen Reiterei flüchtete Varro, vermutlich mit dem Wissen, dass lediglich ein geringer Anteil der gegnerischen Reiterei die Verfolgung aufnehmen würde. Varro wurde in diesem Moment vermutlich bewusst, dass der größere Anteil

---

[91] Ebda., S. 195f.
[92] Polybios, Geschichte. Gesamtausgabe in zwei Bänden, S. 315 (3,116).
[93] Ebda., S. 316 (3,116).

der gegnerischen Reiterei Angriffe von hinten durchzuführen plante, womit seine Taktik keine Aussicht auf einen Sieg vermuten ließ. Auch der am Kopf verletzte und ins römische Zentrum geflüchtete Paulus begünstigte die Verwicklung von Hannibals Plan der Einkesselung.[94] Polybios überliefert dazu, dass Paulus heroisch ins Zentrum eilte und umliegende Soldaten ebenso dazu ermutigte.[95] Auch Livius merkte dazu an, dass Paulus mehrere Treffen wiederhergestellt hatte.[96] Die Ausführungen der beiden antiken Autoren sollte Paulus von der Schuld an der Niederlage freisprechen, hingegen Varros Schuld hervorheben. Bei sorgfältiger und detaillierter Prüfung der beiden Ausführungen und in Anbetracht der Tatsache, dass sich Paulus im römischen Zentrum befand, lässt sich daraus schließen, dass Paulus Taten, auch wenn als heroisch beschrieben, letztendlich die von Hannibal geplante Einkesselung ermöglichten. Auch wenn es Paulus Absicht war, das karthagische Zentrum möglichst schnell zu durchbrechen, führte er die Römer durch Wiederherstellung des Treffens mitten in den formatierten Halbmond des karthagischen Zentrums. Exakt dorthin, wo Hannibal ihn und seine Soldaten haben wollte.

---

[94] Ebda.
[95] Ebda.
[96] Livius, Römische Geschichte. Der Zweite Punische Krieg, S. 146f. (22,49,2-3).

V. Die Auswirkungen der Schlacht bei Cannae

1. Die Reaktionen in Rom

Als die Nachricht der verheerenden Niederlage in Rom eintraf, verfiel die römische Bevölkerung in große Angst.[97] Sie war schockiert und aufgebracht und panische Zustände verbreiteten sich rasant.[98] Neue und verwirrende Gerüchte wurden fortwährend verbreitet. Um eine panikartige und massenhafte Flucht aufs Land zu verhindern, wurden Wachposten an den Stadttoren stationiert. Denn im Falle einer gegnerischen Belagerung wurden alle Römer zur Verteidigung der Stadt benötigt.[99] Nachdem die Information über die Höhe der erlittenen Verluste in Rom eintraf, war die Stimmung von Trauer, Verzweiflung und Klagen geprägt. Daraufhin wurde eine Trauerzeit von 30 Tagen festgesetzt.[100] Die wenigen in der Stadt verbliebenen Politiker waren ebenfalls bestürzt und zeitgleich handlungsunfähig.[101] In dieser Zeit unterstützte Quintus Fabius Maximus durch kluge Ratschläge dabei, die Lage zu beruhigen und wieder Ruhe einkehren zu lassen.[102] Gleichzeitig wurde Marcus Junius Pera während der Krisensituation zum neuen Diktator berufen. Einer seiner ersten Amtshandlungen war die Aufstellung eines neuen Heeres.[103] Dies konnte lediglich durch den Ankauf von Sklaven und Gefangenen umgesetzt werden, was die verzweifelte Notlage der Römer in dieser Zeit verdeutlicht. Alle gesellschaftlichen römischen Schichten waren von der Lage betroffen und mussten erhebliche Belastungen aushalten[104]: „Die physischen Anstrengungen, die Rom während des Krieges auf sich nahm, waren enorm. Sie lassen sich nur vergleichen mit der Ausschöpfung aller Reserven durch den ‚totalen' Krieg im Zeitalter der Weltkriege".[105] Nachdem das notdürftige Heer aufgestellt war, wurde dieses gemeinsam mit dem Diktator sowie Prätor Marcus Claudius Marcellus im Süden der Stadt positioniert. Dadurch entspannte sich die Lage in Rom. Als immer bewusster wurde, dass die römische Bevölkerung keine feindliche Belagerung zu befürchten hatte, entspannte dies die Situation erneut.[106]

---

[97] Klaus Zimmermann, Rom und Karthago, Darmstadt 2009, S. 125.
[98] Heftner, Der Aufstieg Roms. Vom Pyrrhoskrieg bis zum Fall von Karthago, S. 241.
[99] Seibert, Hannibal, S. 205.
[100] Theodor Mommsen, Römische Geschichte, München 1976, S. 135.
[101] Seibert, Hannibal, S. 205.
[102] Livius, Römische Geschichte. Der Zweite Punische Krieg, S. 163f (22,55,4-8).
[103] Seibert, Hannibal, S. 207.
[104] Alfred Heuss, Römische Geschichte, Paderborn 1998, S. 90.
[105] Ebda.
[106] Seibert, Hannibal, S. 210.

2. Der Marsch nach Rom

Nach den Ereignissen in der Schlacht bei Cannae, blieb zunächst offen, was nach der Schlacht geschehen wird, so fragte auch Roxana Kath: „Was nun folgen musste. War entweder die Kapitulation oder die völlige Vernichtung?".[107] Die Frage von Kath verdeutlicht nicht nur die Ungewissheit, sondern insbesondere auch das Verhältnis nach der Schlacht zwischen Hannibal und Rom.[108] Die Mehrheit von Hannibals Anhängern war der Meinung, dass der Krieg vorbei sei und die Karthager die Sieger des Zweiten Punischen Krieges seien.[109] Für den offiziellen Sieg wäre jedoch die Kapitulation Roms notwendige gewesen, diese blieb zunächst aus. Die Römer beabsichtigten nicht, die Niederlage offiziell anzuerkennen und unterbreiteten auch kein Friedensangebot.[110] Cicero überliefert die damalige Haltung und Reaktion wie folgt: „Voll der Beispiele ist unser Gemeinwesen, so ganz besonders im Zweiten Punischen Krieg. Es hat nach dem Unglück bei Cannae größeren Mut gehabt als je im Glück. Kein Anzeichen von Furcht, kein Wort vom Frieden! So gewaltig ist die Macht des Ehrenvolles, daß sie den Schein des Nutzens verdunkelt".[111] Die Römer erwarteten Hannibals Einmarsch nach Rom und bereiteten sich dementsprechend darauf vor.[112] Ein Offizier der Reiterei, Maharbal, soll Hannibal dazu empfohlen haben, sofort nach Rom zu marschieren, er könne dann in fünf Tagen auf dem Kapitol speisen. Hannibal wies den sofortigen Einmarsch zurück. Er vertraute weiterhin auf den Sieg in diesem Krieg und präferierte zur damaligen Zeit, dass sich seine Soldaten von der Schlacht erholen können.[113] Darauf erwiderte Maharbal: „Die Götter freilich haben einem Mann nichts alles gegeben. Du verstehst es zu siegen, Hannibal; den Sieg zu nutzen, verstehst du nicht".[114] Der Marsch nach Rom erfolgte trotz dessen nicht. Der Grund wird in der literarischen Forschung vielfältig diskutiert, wobei sich drei (verschiedene) Gründe hervorheben. Erstens sei Hannibal der Ansicht gewesen, der Einmarsch nach Rom wäre nicht mehr nötig. Der Sieg sei eindeutig. Die römische Niederlage in der Schlacht würde den baldigen Zusammenbruch der römischen Wehrgemeinschaft bedeuten und ein römisches Friedensangebot würde sogleich danach folgen. Zweitens wollte Hannibal den Einmarsch vermeiden, da die Auswirkungen nicht seinen Kriegszielen entsprachen. Er strebte nicht die Vernichtung der Stadt an, sondern wollte lediglich die Macht der Römer im Mittelmeer

---

[107] Roxana Kath, Nulla mentio pacis. Untersuchung zu Formen der Verarbeitung und Memorierung militärischer Rückschläge und Niederlagen in der römischen Republik, Dresden 2004, S. 1.
[108] Ebda.
[109] Seibert, Hannibal, S. 198.
[110] Mommsen, Römische Geschichte, S. 136.
[111] Marcus Tullius Cicero, Vom Rechten Handeln (übersetzt von Karl Büchner), Zürich 1964, S. 257 (3,47).
[112] Polybios, Geschichte. Gesamtausgabe in zwei Bänden, S. 318 (3,118).
[113] Livius, Römische Geschichte. Der Zweite Punische Krieg, S. 153 (22,51,2-4).
[114] Ebda., (22,51,4).

reduzieren.[115] Für die Verwirklichung dieser Ziele hätte Hannibal den italischen Bund auflösen müssen und neue Bündnisse mit den einzelnen Städten etablieren müssen. Zu Hannibals Strategie passend wäre daher die Anwerbung der Bundesgenossen gewesen, nicht aber die Zerstörung von Rom.[116] Drittens und das bedeutendste Argument, dass Hannibal mit einer Belagerung den Krieg nicht hätte beenden können und der Einmarsch daher nicht lohnend gewesen wäre.[117] Theodor Mommsen schreibt dazu in voller Überzeugung: „Vom Schlachtfeld hatte Hannibal sich nach Kampanien gewandt. Er kannte Rom besser als die naiven Leute, die in alter und neuer Zeit gemeint haben, daß er mit einem Marsch auf die feindliche Hauptstadt den Kampf hätte beendigen können. Allein in der alten Zeit, wo der Angriffskrieg gegen die Festungen weit minder entwickelt war als das Verteidigungssystem, ist unzählige Male der vollständigen Erfolg im Feld an den Mauern der Hauptstädte zerschellt".[118] Seibert hingegen vermutet, dass es Hannibal an geeignetem Material mangelte und sein Heer für den Einmarsch und die Belagerung weder ausgebildet noch optimal aufgestellt war. Seibert selbst jedoch ist davon überzeugt, dass eine Belagerung für Hannibal hätte erfolgreich verlaufen können.[119] Er kommt zu der Schlussfolgerung: „Hätte Hannibal alles auf eine Karte gesetzt und lange genug ausgehalten, hätte er Rom erobern oder wenigsten zu einem Friedensschluss zwingen können. Es war ein gravierendes Versäumnis, nicht auf Rom zu marschieren".[120]

3. Die Situation in der Römischen Republik

Die Auswirkungen der Schlacht bei Cannae für die Römische Republik beschreibt Alfred Heuss wie folgt: „Auf Hannibals siegreichen Einbruch in Italien [römische Republik] (218-216) folgte in den anschließenden Jahren der Abfall zahlreicher römischer Bundesgenossen in der südlichen Hälfte von Italien [römische Republik], ein Stadium, das die Früchte seiner Kriegsführung zu zeigen schien, aber in der Begrenzung ihrer Erfolge doch sehr bald die Bewegung des Krieges auffing und ihn stationär werden ließ".[121] Die Auswirkungen waren demnach wie von Hannibal erhofft und geplant. Unter anderem traten einige der römischen Bundesgenossen, beispielweise Salapia, Aecae, Herdonea, Arpi, Compsa, Atella und Calatia,

[115] Huß, Die Geschichte der Karthager, S. 342f.
[116] Jakob Seibert, Forschungen zu Hannibal, Darmstadt 1993, S. 161.
[117] Mommsen, Römische Geschichte, S. 138.
[118] Ebda., S. 138f.
[119] Seibert, Hannibal, S. 200.
[120] Ebda., S. 200f.
[121] Heuss, Römische Geschichte, S. 91.

in das karthagische Lager über.[122] Auch Capua wechselte die Seite.[123] Den Wechsel von Capua beschreibt Seibert wie folgt: „Der Abfall der zweitmächtigsten Stadt Italiens [der römischen Republik] war ein schwerer Schlag für das Ansehen der Römer".[124] Ihre Unabhängigkeit und karthagische Zugehörigkeit demonstrierten die übergetretenen Bundesgenossen durch neu geprägte Münzen. Auf diesen war insbesondere der Siegeslorbeer geprägt, der die Siegesgewissheit bekundete. Zudem wurde auf vielen der Münzen der für Hannibal stehende Elefant als Ausdruck der Solidarität zu ihm eingeprägt.[125] Trotz all dieser Bekundungen ist zu betonen, dass die wenigen übergetretenen Bundesgenossen nicht den großen Durchbruch für Hannibal in der Römischen Republik auslösten. Auch wenn dies häufig von den antiken Autoren in ihren Berichten dramatisch hervorgehoben wird und sie dies mit dem vollständigen Verfall der Römischen Republik beschreiben.[126] Auch Plutarch dramatisiert den Wechsel der Bundesgenossen in seiner folgenden Aussage: „Most of its peoples, and the largest of them too, came over to him [Hannibal] of their own accord, and Capua, which is the most considerable city after Rome, attached herself firmly to his cause".[127] Es ist jedoch festzuhalten, dass der Wechsel der einzelnen Bundesgenossen und damit die Bündnisse zwischen Hannibal und der jeweils geführten Stadt keine nennenswerte Seestadt mit bedeutendem Hafen und auch keine relevante latinische Kolonie inkludierte. Die bemerkenswerte Widerstandskraft der *coloniae Latinae* bewirkte, dass das römische Bündnissystem in Mittelrepublik im Kern bestehen blieb.[128] Dies fasst Seibert folgendermaßen zusammen: „Der Sieg von Cannae hatte einen Stein ins Rollen gebracht, aber es wurde keine Lawine".[129] In den darauffolgenden Jahren verfolgte Rom eine ‚Ermattungsstrategie' und eine Art ‚Stellungskrieg' entwickelte sich in der Römischen Republik.[130]

---

[122] Seibert, Hannibal, S. 212ff.
[123] Titus Livius, Römische Geschichte. Der Zweite Punische Krieg (übersetzt von Walther Sontheimer), Bd. XXIII-XXV, Stuttgart 1960, S. 10ff. (23,7-14).
[124] Seibert, Hannibal, S. 213.
[125] Seibert, Forschungen zu Hannibal, S. 234.
[126] Seibert, Hannibal, S. 203.
[127] Plutarch, The Life of Fabius Maximus, in: http://penelope.uchicago.edu/Thayer/E/Roman/Texts/Plutarch/Lives/Fabius_Maximus*.html (abgerufen am 17. Juli 2022), S. 169f. (17,3).
[128] Seibert, Hannibal, S. 224f.
[129] Ebda., S. 204.
[130] Heuss, Römische Geschichte, S. 88ff.

VI.   Zusammenfassung

Am 2. August 216 v. Chr. fand die berühmte Schlacht bei Cannae zwischen Hannibal und den Römern statt. Diese Schlacht machte die Fähigkeiten von Hannibal bekannt, seitdem wird er als der größte Stratege seiner Zeit bezeichnet. In der Schlacht erlebten die Römer eine vernichtende Niederlage. Obwohl sie den Karthagern zahlenmäßig weiter überlegen waren, verloren sie nicht einfach nur die Schlacht, sondern standen am Ende der Schlacht ohne eine Armee dar. Von den rund 55.000 römischen Soldaten überlebte nur ein geringer Teil, der die ersten Angriffe überstand und anschließend noch aus der Einkesselung fliehen konnte. Seit jeher wurden viele Schlachten ausgetragen, die Schlacht bei Cannae hingegen ist jedoch besonders geschichtsträchtig. Diese Schlacht infizierte und vergiftete das militärische Denken bis ins 20. Jahrhundert hinein. Auch Winston Churchill spricht dieser Schlacht eine historische Bedeutung zu: „Die Schlacht bei Cannae verdiente ein höheres Interesse als die des Ersten Weltkrieges".[31] Mommsen ergänzt, dass das Ausmaß der Verluste und des Sieges dieser Schlacht bisher noch nie dagewesen sei: „Es ist vielleicht nie ein Heer von dieser Größe so vollständig und mit so geringem Verlust des Gegners auf dem Schlachtfeld selbst vernichtet worden wie das römische bei Cannae".[132] Die Schlacht bei Cannae steht für eine dramatische Vernichtungsschlacht. Sie steht für eine einzige Schlacht, die einen ganzen Krieg auf einmal entscheiden konnte. Aber was geschah als nächstes? Kann Hannibal als Verlierer aus der siegreichen Schlacht bezeichnet werden? Nachdem die Römer trotz der vernichtenden Niederlage in der Schlacht bei Cannae weder ein Friedensangebot machten noch kapitulierten, verflüchtigte sich damit auch der Plan von Hannibal. Der nicht erfolgte Einmarsch nach und Angriff auf Rom war einer der fundamentalsten taktischen Fehler von Hannibal. Der Marsch nach Rom nach Hannibals Sieg am Trasimenischen See hätte die Römer zum Abzug von außerhalb der Stadt stationierte Truppen gezwungen. Ein sofortiger Einmarsch nach Rom hätte die besagte zentrale Stationierung bedeutet, wodurch insbesondere Sizilien, Sardinien oder Iberien den karthagischen Angriffen nahezu schutzlos ausgesetzt worden wären. Die Chance des unmittelbaren Einmarsch und einen damit vermutlich einhergehenden Sieg hatte Hannibal verstreichen lassen. Wenn daher Hannibal Rom nicht auf seinem eigenen Gebiet vernichten konnte, ist der eigentliche Zweck des Zweiten Punischen Krieges fraglich. Denn die römische Kapitulation erfolgte nicht, sondern sie bewiesen in den folgenden Monaten ein enormes Durchhaltevermögen. Dazu schreibt Quintus Ennius: *„Qui uincit non est uictor nisi uictus*

---

[131] Demandt, Ungeschehene Geschichte. Ein Traktat über die Frage, was wäre geschehen, wenn…? S. 76.
[132] Mommsen, Römische Geschichte, S. 129.

fatetur – He who has conquered ist not conqueror unless the conquered one confesses it [sic!]".[133] Doch auch wenn Hannibal als Verlierer der siegreichen Schlacht bezeichnet werden kann, ist ihm keine Schuld zuzuschreiben. Die Hauptschuld liegt bei Karthago selbst, denn der taktische Sieg Hannibals in der Schlacht bei Cannae wurde von ihnen nicht als Beitrag zu den strategischen Gesamtzielen von Karthago anerkannt. Auf der anderen Seite lässt sich in den Schriften von Polybios und Livius der Hauptschuldige an der vernichtenden Niederlage Roms in der Schlacht bei Cannae schnell und einfach identifizieren. Beide antike Autoren weisen die Hauptschuld dem römischen Konsul Gaius Terentius Varro zu, dieser allein soll für die vernichtende Niederlage verantwortlich sein. Begründet wird dies damit, dass Varro die Meinung des anderen Konsuls Lucius Aemilius Paulus ignorierte. Dieser hatte Varro jedoch vor der Gefahr der Ebene bei Cannae gewarnt, insbesondere weil die Ebene ideal für ein Reitergefecht war. Varro erkannte zu spät, dass die Warnung von Paulus absolut gerechtfertigt war, in diesem Moment und nach der Niederlage des Reitergefechts mit den Karthagern blieb ihm jedoch nur noch die Flucht. Varro kehrte nicht zurück, um der römischen Armee zu helfen. Beide Quellen sind sich hinsichtlich dieser Aussage einig und bestätigen auch, dass Konsul Paulus einen heroischen Tod auf dem Schlachtfeld fand.

---

[133] Quintus Ennius, The Annals of Quintus Ennius (übersetzt von Otto Skutsch), Oxford 1986, S. 118 und 667 (62,493).

VII. Quellen- und Literaturverzeichnis

Quellen:

Bringmann, Klaus, Punische Kriege, in: Cancik, Hubert und Schneider, Helmuth (Hgg.), Der neue Pauly. Enzyklopädie der Antike, Bd. X., Stuttgart 2001, S. 590-599.

Cicero, Marcus Tullius. Vom Rechten Handelns (übersetzt von Büchner, Karl), Zürich 1964.

Ennius, Quirtus, The Annals of Quintus Ennius (übersetzt von Skutsch, Otto), Oxford 1986.

Livius, Titus, Römische Geschichte. Der Zweite Punische Krieg (übersetzt von Blank-Sangmeister, Ursula), Bd. XXI., Stuttgart 1999.

Livius, Titus, Römische Geschichte. Der Zweite Punische Krieg (übersetzt von Blank-Sangmeister, Ursula), Bd. XXII., Stuttgart 2000.

Livius, Titus, Römische Geschichte. Der Zweite Punische Krieg (übersetzt von Sontheimer, Walther), Bd. XXIII-XXV., Stuttgart 1960.

Polybios, Geschichte. Gesamtausgabe in zwei Bänden (übersetzt von Drexler, Hans), Bd. I., Zürich 1978.

Online-Quellen:

Nepos, Cornelius, Hannibal, in: https://www.gottwein.de/Lat/nepos/hann01.php (abgerufen am 15. Juli 2022).

Plutarch, The Life of Fabius Maximus, in: http://penelope.uchicago.edu/Thayer/E/Roman/Texts/Plutarch/Lives/Fabius_Maximus*.html (abgerufen am 17. Juli 2022).

Literatur:

Canales, Carlos, Hannibals Armee. Karthago gegen Rom, Berlin 2005.

Christ, Karl, Hannibal, Darmstadt 2003.

Daly, Gregory, Cannae. The Experience of Battle in the Second Punic War, London 2002.

Delbrück, Hans, Geschichte der Kriegskunst. Im Rahmen der politischen Geschichte, Berlin 1964.

Demandt, Alexander, Ungeschehene Geschichte. Ein Traktat über die Frage, was wäre geschehen, wenn...? Göttingen 1986.

Goldsworthy, Adrian, Cannae. Hannibal's Greatest Victory, London 2001.

Heftner, Herbert, Der Aufstieg Roms. Vom Pyrrhoskrieg bis zum Fall von Karthago, Regensburg 2005.

Heuss, Alfred, Römische Geschichte, Paderborn 1998.

Huß, Werner, Die Geschichte der Karthager, München 1985.

Huß, Werner, Karthago, München 2004.

Kath, Roxana, Nulla mentio pacis. Untersuchung zu Formen der Verarbeitung und Memorierung militärischer Rückschläge und Niederlagen in der römischen Republik, Dresden 2004.

Mommsen, Theodor, Römische Geschichte, München 1976.

O`Connell, Robert L., The Ghosts of Cannae. Hannibal and the Darkest Hour of the Roman Republic, New York 2010.

Seibert, Jakob, Forschungen zu Hannibal, Darmstadt 1993.

Seibert, Jakob, Hannibal, Darmstadt 1993.

Sommer, Michael, Römische Geschichte. Von den Anfängen bis zum Untergang, Stuttgart 2016.

Zimmermann, Klaus, Rom und Karthago, Darmstadt 2009.